CONTENT
目 录

比尔·布莱森的建议 / 01

楔子 / 02

01 情欲•出轨•凶杀 / 03

02 “圣路易斯精神号”的诞生 / 04

03 一颗政界明星在大洪水中冉冉升起 / 05

04 坏天气带来了好运气 / 06

05 一个疯子在校园里引爆了炸弹 / 07

06 “那孩子”：飞越大西洋的第一人 / 08

07 “耶稣复活以来最伟大的事件” / 09

08 “问题男孩”是个棒球天才 / 10

09 棒球运动的“本垒打时代” / 11

10 第二名也是英雄 / 12

11 神奇的无线电广播 / 13

12 政府毒死了自己的公民 / 14

13 媒体掩盖了事情的真相 / 15

14 “毫无作为”也是一种治国之术？ / 16

15 他们埋下了“大萧条”的引信 / 17

16 大洪水的意外遗产 / 18

17 福特汽车一家独大的日子结束了 / 19

18 亨利•福特的乌托邦 / 20

19 登普西卫冕“世纪之战” / 21

20 “激进分子就是杀人犯” / 22

21 杠杆手段撬起的商业帝国 / 23

22 征服太平洋，征服全世界 / 24

23 《爵士歌手》才是第一部名副其实的有声电影 / 25

24 几十年后仍余波荡漾的案子 / 26

25 人人都爱纽约洋基队 / 27

26 三K党与“优生学”运动 / 28

27 谁是真正的电视之父？ / 29

28 全民热捧《人猿泰山》的时代 / 30

29 黑帮老大要倒霉了 / 31

30 创纪录的第60记本垒打 / 32

尾声 / 33

ONE SUMMER

“那年夏天”
我们还可以了解更多

Small Tips From Bill Bryson
比尔·布莱森的建议

如果想了解 20 世纪 20 年代的美国，你可以选择这样起步：

读解 20 世纪 20 年代的美国社会，我首推弗雷德里克·刘易斯·艾伦的《浮华时代》(*Only Yesterday*)。这本书虽然首版于 1931 年，但至今仍是我们观察那个时代的必读书之一。

当代有价值的著作我可以举出弗纳斯的《伟大的时代》(*Great Times*) 和内森·米勒的《新世界的降临》(*New World Coming*)。根据我有限的阅读经验，只有一本书特别谈到了 1927 年，就是艾伦·邱吉尔的《那一年世界发疯了》(*The Year the World Went Mad*)。

我还要推荐一个网站 CharlesLindergh.com，它储存的背景信息就像一部百科全书，其中包括大量与查尔斯·林德伯格有关的照片和文献。

至于纽约洋基队的粉丝，请移步一个名为“1927 年纽约洋基队非官方主页”(www.angelfire.com/pa/1927) 的网站，你同样会满载而归。

↑ 1927 年纽约洋基队的核心球员：贝比·鲁斯和卢·格里克

参考书目

- [美]弗雷德里克·刘易斯·艾伦：《浮华时代：美国20世纪20年代简史》，上海财经大学出版社2008年版。
- Churchill, Allen, The Year the World Went Mad. New York: Thomas Y. Crowell, 1960.
- Furnas, J. C., Great Times: An Informal Social History of the United States, 1914–1929. New York: G. P. Putnam’s Sons, 1974.
- Miller, Nathan, New World Coming: The 1920s and the Making of Modern America. New York: Scibner, 2003.
- Sullivan, Mark, Our Times: The United States, 1900–1925 (6 volumes). London: Charles Scribner’s Son, 1935.

楔子 Wedge

有关这一时期的航空发展史，你可以参考两本著作：彼得 · 阿尔蒙德的《航空的初创时代》(*Aviation: The Early Years*) 和本 · 麦克沃思－普雷德编的《航空的先驱时代》(*Aviation: The pioneer Years*)。还有一本偏重航空技术的佳作出自库姆斯之手，名为《在空中操控：飞机驾驶舱的演化史》(*Control in the Sky*)。

如果想更多了解本章内容涉及的细节，请你参考格雷厄姆 · 华莱士的《阿尔科克和布朗的飞行》(*The Flight of Alcock & Brown*) 和罗伯特 · 德拉克鲁瓦的《他们飞越了大西洋》(*The Flew the Atlantic*)。有一本半官方性质的《美国航空年鉴（1925—1930年）》(*Aircraft Year Books for 1925-1930*) 值得一读，由美国航空行业商会出版发行。另外，海勒姆 · 宾汉姆的《航空服务业的探索者》(*An Explorer in the Air Service*) 虽然仅偶尔涉及本章内容，但它对第一次世界大战期间美国空军的研究非常精彩，可补充相关叙述。

有关第一次世界大战期间美国的财政金融状况，罗恩 · 彻诺的《摩根财团》(*The House of Morgen*) 和约翰 · 戈登的《财富的帝国》(*Empire of Wealth*) 是很不错的选择。

参考书目

◎[美]罗恩 · 彻诺：《摩根财团：美国一代银行王朝和现代金融业的崛起（1838-1990）》，江苏文艺出版社2014年版。

◎[美]约翰 · 戈登：《财富的帝国：一部记录美国财富发展的史诗》，中信出版社2007年版。

◎Almond, Peter, Aviation: The Early Years. Cologne: Konemann, 1997.

◎Bingham, Hiram, An Explorer in the Air Service. New Haven: Yale University Press, 1920.

◎Coombs, L. F. E., Control in the Sky: The Evolution of and History of the Aircraft and Spaceflight. New York: The Library of America, 2011.

◎La Croix, Robert de, They Flew the Atlantic. London: Frederick Muller Ltd., 1958.

◎Mackworth-Praed, Ben (ed.), Aviation: The Pioneer Years. London: Studio Editions, 1990.

◎Wallace, Graham, The Flight of Alcock & Brown, 14-15 June 1919. London: Putnam, 1955.

情欲·出轨·凶杀 01

如果想更深入地了解案件的前因后果，我向你推荐兰迪斯·麦凯勒的《"加倍偿还"的凶手》(*The "Double Indemnity" Murder*)。另外，埃德蒙·威尔逊的《美国的动荡年代》(*American Earthquake*)提供了一些本书未能纳入的历史细节，值得关注。

↑露丝·斯奈德的墓碑，位于美国纽约市布朗克斯区的伍德劳恩公墓。墓碑上只孤零零地刻着"Brown"这个父姓。

斯奈德—格雷案并没有被历史的尘埃湮没，后人试图从不同视角和维度来解读这个世纪大案。例如，杰西·雷米的《金发碧眼的尤物和铁石心肠的毒妇》(*The Bloody Blonde and Marble Woman*)的研究论文从性别与权力关系的角度对案件进行了后现代主义的解读。还有一篇登载于学术性刊物《叙事》(*Narrative*)上的文章非常有趣，作者佩利宗和韦斯特揭示了斯奈德—格雷案对好莱坞的影响，即《加倍偿还：黑色电影、詹姆斯·凯恩和人们对一桩八卦案件的接受》(*Multiple Indemnity*)。

↑斯奈德和格雷伏法后的新闻报道

参考书目

◎MacKeller, Landis, The "Double Indemnity" Murder: Ruth Snyder, Judd Gray, and New York's Crime of the Century. Syracuse: Syracuse University Press, 2006.

◎Pelizzon, V. Penelope, and Nancy Martha West, "Multiple Indemnity: Film Noir, James M. Cain, and Adaptations of a Tabloid Case", Narrative, 13.3 (2005).

◎Ramey, Jessie, "The Bloody Blonde and Marble Woman: Gender and Power in the Case of Ruth Snyder", Journal of Social History, Spring 2004.

◎Wilson, Edmund, The American Earthquake: A Documentary of the Twenties and Thirties. London: W. H. Allen, 1958.

02 “圣路易斯精神号”的诞生

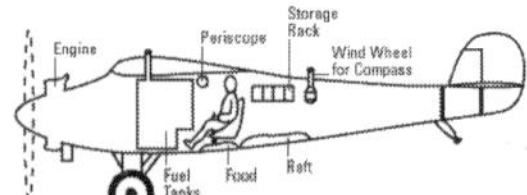

←“圣路易斯精神号”示意图。有关这架飞机的结构、工艺、重量及耗费工时等情况，可参考由唐纳德·霍尔在当时撰写的一份报告书。我们可以在 CharlesLindbergh.com 网站上全文浏览这份历史文件 http://charleslindbergh.com/plane/naca-tn-257.pdf

斯科特·伯格撰写的《林德伯格传》(*Lindbergh*)是一部有关传主生平的标杆式著作。还有一本书，虽然写于 50 多年前，但优美的文笔和丰富的细节使其具备了其他著作无法媲美的优势，这就是出自肯尼思·戴维斯之手的《英雄：查尔斯·林德伯格与美国梦》(*The Hero: Charles A. Lindbergh and the American Dream*)。

林德伯格的自传抓住了 1927 年夏天蕴含的挑战与刺激，在这方面没有其他著作可以与之媲美。这部名为《圣路易斯精神号》(*The Spirit of St. Louis*)的传记作品获得了 1953 年的普利策奖，可谓实至名归。在后来出版的另一部自传《我的价值观》(*Autobiography of Value*s)中，林德伯格又提供了一些新鲜的生活材料。此书出版后不久，他就离开了这个世界。

多米尼克·皮萨诺和罗伯特·范德林登的《查尔斯·林德伯格与圣路易斯精神号》(*Charles lindbergh and the Spirit of St. Louis*)则提供了新的视角，他们从技术细节的维度展现了这次飞行壮举及其无与伦比的重要性。

参考书目

◎Berg, A. Scott, Lindbergh. New York: Macmillan, 1998.

◎Davis, Kenneth S., The Hero: Charles A. Lindbergh and the American Dream. Garden City, N. Y.: Doubleday, 1959.

◎Lindbergh, Charles A., The Spirit of St. Louis. New York: Charles Scribner’s Sons, 1953.

◎_______, Autobiography of Values., New York: Harcourt Brace Jovanovich, 1978.

◎Pisano, Dominick A., and R. Robert van der Linden, Charles Lindbergh and the Spirit of St. Louis. Washington, D. C.: Smithsonian National Air and Space Museum, 2002.

↑美国前总统赫伯特·胡佛。

一颗政界明星在大洪水中冉冉升起 03

关于1927年密西西比河大洪水，如果只读一本，那非约翰·巴里的《涨潮》(*Rising Tide*)莫属。还有一本通史性著作也可圈可点，这就是威廉·霍伊特和沃尔特·朗拜因的《大洪水的历史》(*Floods*)。

如果你想了解胡佛是如何一步一步登上总统宝座的，有如下几本编年纪事的著作可供参考：肯德里克·克莱门茨的《赫伯特·胡佛传》(*The Life of Herbert Hoover*)、乔治·纳什及理查德·史密斯的《不寻常的人：赫伯特·胡佛的胜利》(*An Uncommon Man: The Triumph of Herbert Hoover*)。胡佛自己也写了一本《胡佛回忆录》(*The Memoirs of Herbert Hoover*)，内容详实、生动可读，远超一般人的想象。

讨论卡尔文·柯立芝生活习惯的文献有很多，择要介绍的有阿瑟·施莱辛格的《旧秩序的危机》(*Crisis of the Old Order*)、威尔逊·布朗的《为四位总统当助手》(*Aide to Four President*)、唐纳德·麦科伊的《卡尔文·柯立芝传》(*Calvin Coolidge*)，以及刊载于《政治心理学》(*Political Psychology*)上的一篇学术论文《心理痛苦与总统职位》(*Psychological Pain and the Presidency*)。

参考书目

◎Barry, John M., Rising Tide: The Great Mississippi Flood of 1927 and How It Changed America. New York: Simon & Schuster, 1998.
◎Clements, Kendrick A., The Life of Herbert Hoover: Imperfect Visionary, 1918-1928. London: Palgrave Macmillan, 2010.
◎Hoover, Herbert, The Memoirs of Herbert Hoover: The Years of Adventure, 1874-1920. London: Hollis and Carter, 1952.
◎Hoyt, William G. And Walter B. Langbein, Floods. Princeton, N. J.: Princeton University Press, 1955.
◎McCoy, Donald R., Calvin Coolidge: The Quiet President. New York: Macmillan, 1967.
◎Nash, George H., The Life of Herbert Hoover: The Engineer, 1874-1914. New York: W. W. Norton & Co., 1983.
◎Nash, George H., The Life of Herbert Hoover: The Humanitarian, 1914-1917, New York: W. W. Norton & Co., 1988.
◎Schlesinger Jr., Arthur M. The Crisis of the Old Order, 1919-1933. London: Heinemann
◎Smith, Richard Norton, An Uncommon Man: The Triumph of Herbert Hoover. New York: Simon & Schuster, 1984.

04 坏天气带来了好运气

本章引用的 1927 年美国家庭生活舒适度的统计数据主要来自当年出版的《科学美国人》(*Scientific American*)(4 月号和 7 月号)，其他细节则出自苏姗·柯雷尔的《20 世纪 20 年代的美国文化》(*American Culture in the 1920s*)。

关于当年的公路建设情况，我们可以在德雷克·霍坎森的《林肯公路》(*Lincoln Highway*)一书中找到答案。

如果你想了解当年的罗斯福机场，我推荐《美国传统》(*American Heritage*)杂志 1971 年 3 月号上的一篇文章《如何难以飞过大西洋》(*How Not to Fly the Atlantic*)。还有两本书，分别是理查德·巴克的《大飞跃》(*The Big Jump*)和托马斯·肯斯纳的《世纪飞行》(*The Flight of the Century*)。

参考书目

◎Bak, Richard, The Big Jump: Lindbergh and the Great Atlantic Air Race. New York: John Wiley & Sons, 2011

◎Currell, Susan, American Culture in the 1920s. Edinbrugh: Edinburgh Unviersity Press, 2009.

◎Hokanson, Drake, The Lincoln Highway: Main Street Across America. Iowa City: University of Iowa Press, 1988.

◎Kessner, Thomas, The Flight of the Century: Charles Lindbergh and the Rise of American Aviation. New York: Oxford University Press, 2010.

一个疯子在校园里引爆了炸弹 05

→梅布尔·维勒布兰特，被时人称为"美国法律界的第一女性"。在 1927 年夏天，她正担任司法部副总检察长一职。

如果你想更深入地了解"美国政府诉沙利文案"，请检索一篇名为《向非法活动征税》（*Taxing Income from Unlawful Acitivities*）的专业文献，具体收录于"耶鲁大学法学院法律学术文库·专业学术系列"（*Yale Law School Legal Scholarship Repository, Faculty Scholarship Series*），编号 2289。另外，《哥伦比亚大学法律评论》（*Columbia Law Review*）在 2005 年 3 月号上进行了刊载。

出版于 1929 年 2 月 16 日的《纽约客》刊载了致敬梅布尔·维勒布兰特的系列专题文章。

本章涉及的弗朗切斯科·皮内多的美国之旅和安德鲁·基欧在密歇根州巴斯镇大屠杀的细节都来自当时的《纽约时报》。

06 “那孩子”：飞越大西洋的第一人

查尔斯·林德伯格飞到巴黎的事件仍然是现代值得大书特书的故事，所以本章的细节来自众多信息源。但是，我始终以林德伯格在《圣路易斯精神号》中的自述为最终依据。

关于《里奥·丽塔》等百老汇歌剧的具体介绍，可以参见杰拉尔德·博尔德曼的《美国剧院》(*American Theatre*）和艾伦·邱吉尔的《戏剧发展20年》(*The Theatrical 20's*)。

弗兰克·德福特的《大个子蒂尔登》(*Big Bill Tilden*）详细介绍了比尔·蒂尔登的生平经历。

出版于1928年7月21日的《纽约客》刊载了一篇有关迈伦·赫里克的人物介绍，除此之外，其个人信息少之又少。

←查尔斯·林德伯格与“圣路易斯精神号”

参考书目

◎Bordman, Gerald M., Americna Theatre: A Chronicle of Comedy and Drama, 1914–1930. New York: Oxford University Press, 1995.
◎Churchill, Allen, The Theatrical 20’s. New York: McGraw-Hill, 1975.
◎Deford, Frank, Big Bill Tilden: The Trimphs and the Tragedy. New York: Simon & Schuster, 1976.
◎Lindbergh, Charles A., The Spirit of St. Louis. New York: Charles Scribner’s Sons, 1953.

"耶稣复活以来最伟大的事件" 07

肯尼斯·戴维斯的《英雄》对林德伯格成功飞行引发的狂热做了精彩的记录。其他细节我分别取自《北美评论》(*The North American Review*)1927年9–10月号刊载的《空中的哥伦布》(*Columbus of the Air*)、《明尼苏达州史》(*Minnesota History*)1970年冬季号上刊载的《林德伯格荣归明尼苏达》(*Lindbergh's Return to Minnesota*)及2002年春节号上刊载的《我的思想，我的笔》(*My Own Mind and Pen*)，还有一些细节出自当年纽约和伦敦的各种报纸。有关林德伯格在伦敦接受欢迎的盛况选自1927年6月4日出版的《泰晤士报》和《伦敦新闻画报》。

参考书目

◎Davis, Kenneth S., The Hero: Charles A. Lindbergh and the American Dream. Garden City, N. Y.: Doubleday, 1959.

08 "问题男孩"是个棒球天才

尽管在很多私人事情上不太靠谱，但有关贝比·鲁斯一生最有趣、最个性化的记述莫过于《贝比·鲁斯的故事》(*The Babe Ruth Story*)一书，这本书是鲁斯在体育记者鲍勃·康西丁的帮助下完成的。同样值得关注的还有罗伯特·温特劳布的《鲁斯建的大场馆》(*The House That Ruth Built*)、雷·蒙特维尔的《巨响》(*The Big Bam*)、吉姆·赖斯勒的《贝比·鲁斯挥出传奇》(*Babe Ruth Launching the Legend*)和马歇尔·斯梅尔瑟的《鲁斯的一生》(*The Life That Ruth Built*)。

↑贝比·鲁斯：美国体育文化的象征性人物。他的官方网站的地址是 http://baberuth.com/。如果你对贝比·鲁斯运动生涯的"统计与历史"感兴趣，请参阅下面这个互联网地址：http://www.baseball-reference.com/players/r/ruthba01.shtml。

有关鲁斯成长时代巴尔的摩市的细节，参见雪莉·奥尔森的《巴尔的摩：一座美国城市的建造》(*Baltimore: The Building of an American City*)。

参考书目

◎Montville, Leigh, The Big Bam: The Life and Times of Babe Ruth. New York: Doubleday, 2010.

◎Reisler, Jim, Babe Ruth Slept Here: The Baseball Landmarks of New York City. South Bend, Indiana: Diamond Communications, 1999.

◎Ruth Babe (as told to Bob Considine), The Babe Ruth Story. New York: C. P.: Dutton & Co., 1948.

◎Smelser, Marshall, The Life That Ruth Built: A Biography. Lincoln: University of Nebraska Press, 1993.

◎Weintraub, Robert, The House That Ruth Built: A New Stadium, the First Yankees Championship, and the Redemption of 1923. New York: Simon & Schuster, 2011.

棒球运动的“本垒打时代” 09

关于美国这项全民性消遣的介绍有两本好书不容错过：一本是罗伯特·阿代尔的《棒球物理学》(*The Physics of Baseball*)，另一本更加生动有趣的是劳伦斯·里特尔的口述史《他们那个时代的荣耀》(*The Glory of Their Times*)。如果你对棒球这项运动怀有深深的好奇心，下面列举的图书提供了更多细节：扎克·汉普尔的《棒球》(*The Baseball*)、费伯夫妇合著的《最后一个唾沫球投手》(*Spitballers*)、杰弗里·沃德和肯·伯恩斯合著的《插图版棒球史》(*Baseball: An Illustrated History*)、约翰·索恩和皮特·帕尔默合著的《完全棒球》(*Total Baseball*)、马克·里博夫斯基的《全垒打通史》(*The Complete History of the Home Run*)和朱尔斯·泰吉尔的《逝去的时光：棒球史》(*Past Time: Baseball as History*)。

参考书目

◎Adair, Robert K., The Physics of Baseball. New York: Harper & Row, 1990.
◎Faber, C. F., and R. B. Faber, Spitballers: The Last Legal Hurlers of the Wet One. Jefferson, ◎NC., McFarland and Co., 2006.
◎Hample, Zack: The Baseball: Stunts, Scandals, and Secrets Beneath the Stiches. New York: ◎Anchor Sports, 2011.
◎Ribowsky, Mark, The Complete History of the Home Run. New York: Citadel Press, 2003.
◎Ritter, Lawrence S., The Glory of Their Times: The Story of the Early Days of Baseball Told by ◎the Men Who Played It. New York: Harper Perennial, 2010.
◎Thorn, John, and Pete Palmer, Total Baseball: The Ultimate Encyclopedia of Baseball (3rd ◎ed.). New York: Harper Perenial, 1993.
◎Tygiel, Jules, Past Time: Baseball as History. New York: Oxford University Press, 2000.
◎Ward, Geoffrey C. (with Ken Burns), Baseball: An Illustruted History. New York: Alfred A. Knopf, 1990.

10 第二名也是英雄

克拉伦斯·钱伯林的自传《创纪录的飞行》（*Record Flights*）记录了“哥伦比亚号”的飞行过程及查尔斯·莱文的乖张个性。这本书出版于 1942 年，但仍然具有可读性。有关这次飞行的其他细节，我的信息源主要采自当时出版的《纽约时报》。

默片电影《贝比回家》的复制品没有流传下来，戴维·皮尔斯在《美国默片电影消亡的原因》（*The Legion of the Condemned: Why American Silent Films Perished*）一文中提供了有趣的观察视角。这篇论文刊载于《电影史》（*Film History*）1997 年第 1 期上。

参考书目

◎Chamberlin, Clarence D., Record Flights. New York: Beechwood Press, 1942.

神奇的无线电广播 

↑这幅历史照片表现的是一个小女孩坐在收音机前。在此向无线电广播发烧友推荐一个名为"The Radio Historian"的网站 http://www.theradiohistorian.org/，那里收藏了大量有关美国早期无线电广播历史的文章和图片。

出版于 1927 年 10 月 5 日的《纽约客》上的人物特写栏目详细描述了德怀特·莫罗的特质，更多细节推荐阅读罗恩·彻诺的《摩根财团》。

有关白宫在 1927 年夏天的整修情况，可以参看威廉·希尔的《白宫：一种美式观念的历史》(*The White House: The History of an American Idea*）中的讨论。

柯立芝总统晕船的故事出自 1927 年 6 月 25 日出版的《纽约客》。

如果你对这一时期无线电广播的发展史感兴趣，推荐一篇文章《无线电广播的成长》(*Radio Grows Up*)，刊载于《美国传统》1983 年的 8-9 月号。

至于这一时期的城市生活，有这样一本书可以参考：罗伯特·福格尔的《闹市区的兴衰》(*Downtown: Its Rise and Fall*)。

参考书目

◎[美]罗恩·彻诺：《摩根财团：美国一代银行王朝和现代金融业的崛起（1838-1990）》，江苏文艺出版社2014年版。

◎Fogelson, Robert M., Downtown: Its Rise and Fall, 1880-1950. New Haven: Yale University ◎Press, 2001.

◎Seale, William, The White House: The History of an American Idea. Washington, D. C.: ◎American Institute of Architects Press, 1997.

12 政府毒死了自己的公民

我在这里要推荐两本有关"禁酒令"的精彩著作：丹尼尔·奥克伦特的《最后通牒》(*Last Call*)和迈克尔·勒纳的《无酒的曼哈顿》(*Dry Manhattan*)。至于禁酒令施行13年中有关各方林林总总的细节可以从当时出版的《纽约客》上找到。

有关当时夜总会的细节，可参见路易斯·伯利纳的《德州吉南：夜总会女王》(*Texas Guinan: Queen of the Night Clubs*)和斯坦利·沃克的《夜总会时代》(*The Night Club Era*)。

↑美国"禁酒运动"时期的历史照片

参考书目

◎Berliner, Louise, Texas Guinan: Queen of the Night Clubs. Austin: University of Texas Press, 1993.

◎Lerner, Michael A., Dry Manhattan: Prohibition in New York City. Cambridge, Mass.: Harvard University Press, 2007.

◎Okrent, Daniel, Last Call: The Rise and Fall of Prohibition. New York: Scribner, 2010.

◎Wakler, Stanley, The Night Club Ear. Baltimore: Johns Hopkins University Press, 1933 (repinted 1999).

媒体掩盖了事情的真相 13

关于"美洲号"的飞行及相关事实有不同的说法，理查德·伯德的版本参见他写的《冲上天际》(*Skyward*)，这本书首次出版于1928年。他还写了一篇长文《我们跨越大西洋的飞行》(*Our Transatlantic Flight*)，刊载于1927年9月号《国家地理》。迥然不同的说法出自熟知伯德的人们，参见安东尼·福克的《飞翔的荷兰人》(*Flying Dutchman*)和伯恩特·巴尔肯的《我们一路向北》(*Come North with Me*)。除此之外，还有一些视角值得关注：如理查德·蒙塔古的《海洋、极点和飞行员》(*Oceans, Poles and Airman*)和埃德温·霍伊特的《最后的探险家》(*The Last Explorer*)。

至于本章披露的林德伯格性格中的阴暗面，我主要取材自《纽约客》1930年9月20日和27日的两篇人物特写。

参考书目

◎Balchen, Bernt, Come North with Me: An Autobiography. London: Hodder and Stoughton, 1959.
◎Byrd, Richard Evelyn, Skyward. New York: G. P. Putnam’s Sons, 1928.
◎Fokker, Anthony H. G., and Bruce Gould, Flying Dutchman: The Life of Anthony Fokker. London: George Routledge & Sons, 1931.
◎Hoyt, Edwin P., The Last Explorer: The Adventures of Admiral Byrd. New York: John Day Company, 1968.
◎Montague, Richard, Oceans, Poles and Airmen: The First Flights over Wide Waters and Desolate Ice. New York: Random House, 1971.

14 “毫无作为”也是一种治国之术?

↑美国前总统卡尔文·柯立芝，他的“总统图书馆”位于马萨诸塞州北安普敦市的福布斯公共图书馆内，互联网地址是 http://forbeslibrary.org/calvin-coolidge-presidential-library-and-museum/

尽管存在偏见和选择性，但出版于 1921 年的《卡尔文·柯立芝自传》(*The Autobiography of Calvin Coolidge*) 仍对柯立芝的生平提供了未经粉饰的清楚论述。其他细节则来自唐纳德·麦考伊的《卡尔文·柯立芝：安静的总统》(*Calvin Coolidge: The Quiet President*) 和阿米蒂·什莱斯于 2013 年出版的《柯立芝传》(*Coolidge*)。特别是后一本书，作者为柯立芝和哈丁提供了一种有趣的修正主义观点。

南·布里登的《总统的女儿》(*The President's Daughter*) 一书对哈丁的评价与本书内容截然不同，但我得承认其叙述至今仍令我激动不已。

对柯立芝总统个性特征的观察，参见第 3 章提及的两篇文章《为四任总统当助手》和《心理痛苦与总统职位》。另外，还有一篇文章值得推荐，即《政治学评论》(*The Review of Politcs*) 在 1999 年春季号上的文章《安静得过了头》(*Too Silent*)。

参考书目

◎Britton, Nan, The President' s Daughter. New York: Elizabeth Ann Guild, 1927.

◎Coolidge, Calvin, The Autobiography of Calvin Coolidge. London: Chatto & Windus, 1929.

◎McCoy, Donald R., Calvin Coolidge: The Quiet President. New York: Macmillan, 1967.

◎Shlaes, Amity, Coolidge. New York: HarperCollins, 2013.

他们埋下了"大萧条"的引信 15

四大央行行长在 1927 年夏天聚首美国纽约的故事，在利雅卡特 · 艾哈迈德的《金融之王》（*Lords of Finance*）中有非常详尽的讲述。其他相关细节则可以参考如下几本书：约翰 · 布鲁克的《宝山往事》（*Once in Golconda*）、巴里 · 艾肯格林的《金色的羁绊：黄金本位与大萧条》（*Golden Fetters*）和艾伦 · 梅尔策的《美联储的历史》（*A History of the Federal Reserve*）。弗雷德里克 · 刘易斯 · 艾伦的《造物主：美国金融时代的故事》（*The Lords of Creation*）也很不错，但内容稍稍有些过时。

有关黄金海岸的沉浮起落可阅读罗莎琳 · 巴克森德尔和伊丽莎白 · 埃文的《观景窗：城郊是如何形成的》（*Picture Windows: How the Suburbs Happened*）。

路易斯 · 海曼在《债务国度》（*Debtor Nation*）一书中对美国人的消费信贷成瘾症进行了分析。

参考书目

◎[美]巴里 · 艾肯格林：《金色的羁绊：黄金本位与大萧条》，机械工业出版社2015年版。
◎[美]利雅卡特 · 艾哈迈德：《金融之王：毁了世界的银行家》，中国人民大学出版社2011年版。
◎Allen, Frederick Lewis, The Lords of Creation: The Story of the Great Age of American Finance. London: Hamish Hamilton, 1935.
◎Baxandall, Rosalyn, and Elizabeth Ewen, Picture Windows: How the Suburbs Happened. New York: Basic Books, 2000.
◎Brook, John, Once in Golconda: A True Drama of Wall Street, 1920-1938. New York: Harper & Row, 1969.
◎Hyman, Louis, Debtor Nation: The History of America in Red Ink. Princeton, NJ: Princeton University Press, 2011.
◎Meltzer, Allan H., A History of the Federal Reserve (Vol. 1, 1931-1951). Chicago: University of Chicago Press, 2003.

16 大洪水的意外遗产

哈维 · 弗罗默的《五点钟的闪电：贝比 · 鲁斯、卢 · 格里格和 1927 年的洋基队》（*Five O'Clock Lightning*）对这支伟大的棒球队在这个夏天的故事做了最热情、最全面的介绍。

对卢 · 格里克性格的结论，我主要取材自乔纳森 · 艾格的《最幸运的人：卢 · 格里克的生与死》（*Luckiest Man: The Life and Death of Lou Gehrig*）、1929 年 8 月 10 日出版的《纽约客》的“人物特写”专栏及 1933 年 8 月 19 日出版的《自由》（*Liberty*）杂志。

雅格 · 鲁珀特的生平事迹很少有人提及，但 1933 年 9 月 24 日出版的《纽约客》刊载了一篇很棒的人物特写，我便拿来用在了文章中。

参考书目

◎Eig, Jonathan, Luckiest Man: The Life and Dearth of Lou Gehrig. New York: Simon & Schuster, 2006.

◎Frommer, Harvey, Five O’ Clock Lightning: Babe Ruth, Lou Gehrig and the Greatest Baseball Team in History, the 1927 New York Yankees. New York: Wiley, 1972.

福特汽车一家独大的日子结束了 17

↑福特 T 型车。这款经典的汽车已经成为老爷车收藏界的宠儿，在世界各地拥有无数的拥趸。推荐登录这个网址 fordmodelt.net，里面收录了各种有关 T 型车的文献和影像资料，是由资深玩家建立和经营的。

亨利·福特的生平事迹已巨细无遗地收录在阿伦·内文斯和弗兰克·希尔的两卷本《福特传》(*Ford*)中，更简洁明快的叙述可参见罗伯特·莱西的《人与机器：福特传》(*Ford: The Men and the Machine*)。尼尔·鲍德温的《亨利·福特与犹太人》(*Henry Ford and the Jews*)从学术的角度探讨了亨利·福特身上的反犹主义色彩。倘若你对福特公司早期生产的车型很感兴趣，弗洛伊德·克莱默的《亨利品质非凡的 T 型车》(*Henry's Wonderfly Model T*)是绝佳选择。倘若你是技术控，特里·史密斯的《现代潮流的缔造：工业、艺术与设计》(*Making the Modern: Industry, Art, and Design*)定会使你眼界大开。还有两本书值得推介，其作者都是熟知福特的人：查尔斯·索伦森的《与福特共事 40 年》(*Forty Years with Ford*)和皮普的《亨利·福特的双面人生》(*Henry Ford: Both Sides of Him*)。

参考书目

◎Baldwin, Neil, Henry Ford and the Jews: The Mass Production of Hate. New York: Public Affairs, 2001.
◎Kramer, Dale, Heywood Broun: A Biographical Portrait. New York: Current Books, 1949.
◎Lacey, Robert, Ford: The Men and the Machine. London: Heinemann, 1986.
◎Nevins, Allan, and Frank Ernest Hill, Ford：The Times, the Man, the Company. New York: Charles Scribner' s Sons, 1954.
◎Pipp, E. G., Henry Ford: Both Sides of Him. Detroit: Pipp' s Magazine, 1926.
◎Smith, Terry, Making the Modern: Industry, Art, and Design in America. Chicago: University of Chicago Press, 1993.
◎Sorensen, E. Charles, with Samuel T. Williamson, Forty Years with Ford. London: Jonathan Cape, 1959.

18 亨利·福特的乌托邦

有关福特公司在亚马孙地区的冒险，有一本书是绝不能错过的：格雷格·格兰丁的《福特城：一座被遗忘在丛林中的城市》（*Fordlandia: The Rise and Fall of Henry Ford's Forgotten Jungle City*）。

↑巴西“福特城”的历史照片。如今，这里已是一片废墟。

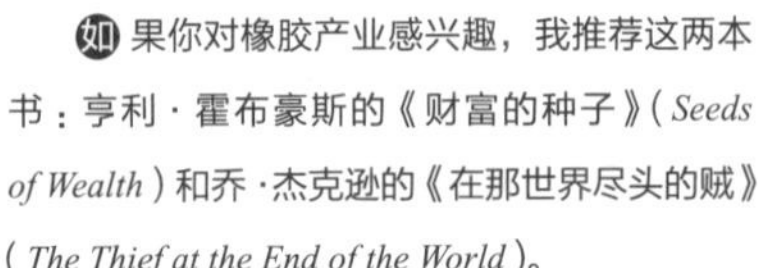

如果你对橡胶产业感兴趣，我推荐这两本书：亨利·霍布豪斯的《财富的种子》（*Seeds of Wealth*）和乔·杰克逊的《在那世界尽头的贼》（*The Thief at the End of the World*）。

戴维·格兰的《失落的Z城》（*The Lost City of Z*）和乔治·迪奥特的《丛林探险家》（*Man Hunting in the Jungle*）这两本书对珀西·福塞特在亚马孙的探险经历及失踪情况进行了记述。

参考书目

◎Dyott, George M., Man Hunting in the Jungle: The Search for Colonel Fawcett. London: Edward Arnold, 1930.

◎Grandin, Greg, Fordlandia: The Rise and Fall of Henry Ford’s Forgotten Jungle City. New York: Metropolitan/Henry Holt, 2009.

◎Grann, David, The Lost City of Z: A Tale of Deadly Obsession in the Amazon. New York: Vintage, 2010.

◎Hobhouse, Henry, Seeds of Wealth: Four Plants That Made Men Rich. London: Macmillan, 2003.

◎Jackson, Joe, The Thief at the End of the World: Rubber, Power and the Seeds of Empire. London: Viking, 2008.

登普西卫冕"世纪之战" 19

马克·迪尔的《人间天堂》（*Some kind of paradise*）对佛罗里达州房地产业的兴衰进行了较为全面的分析。另外，先后刊载于《美国传统》1965 年 8 月号和 1975 年 12 月号上的两篇文章也专门讨论了这个问题：《阳光下的泡沫》（*Bubble in the Sun*）和《缔造佛罗里达的人》（*The Man Who Invented Floria*）。

对登普西其人其事的叙述，我从罗杰·卡恩的《纯火之焰》（*The Flame of Pure Fire*）中获益良多，还有《纽约客》分期刊载的系列文章《这才是拳击》（*That Was Pugilism*），特别是其于 1949 年 11 月 19 日和 1950 年 11 月 4 日刊登的两篇文章。

美国《国家地理》1928 年 1 月号上刊载的文章《和林德伯格一起看美国》（*Seeing America with Lindbergh*）对查尔斯·林德伯格的全美巡游活动进行了最精彩的记述。

对于本章提及的"费城世界博览会"，我推荐阅读罗素·里格利在《费城 300 年史》（*Philadelphia: A 300-Year History*）一书中的相关记述。

参考书目

◎Weigley, Russell F. (ed) Philadelphia: A 300-Year History. New York: Norton & Co., 1982.

20 "激进分子就是杀人犯"

↑"萨科－万泽蒂案"已经成为美国有关公民自由和移民权利的经典案例。2006年，美国导演皮特·米勒（Peter Miller），拍摄了同题纪录片，将案件的前因后果及其对当代社会的影响呈现于世人面前。除了这部纪录片，还有一个网页（http://law2.umkc.edu/faculty/projects/ftrials/SaccoV/SaccoV.htm）值得推荐。这个网页由美国密苏里大学堪萨斯分校法学院的道格拉斯·林德（Douglas Linder），建立，其中收录了大量与案件有关的资料、论文及评论。尤其值得一提的是，其中还囊括了美国联邦调查局的原始文件。

有关萨科－万泽蒂案的图书可谓汗牛充栋。就整体背景而言，可以参考弗朗西斯·拉塞尔的《戴德姆的悲剧》（*Tragedy in Dedham*）和《萨科－万泽蒂案：定谳不易》（*Sacco & Vanzetti: The Case Resolved*）。如果想理解这两位无政府主义者的政治立场和动机，保罗·阿维里奇1991年出版的《萨科和万泽蒂：无政府主义背景》是不二之选。

如果想理解第一次世界大战后美国的国民情绪，我推荐阅读伦纳德·戴纳斯坦和大卫·赖默斯的《多族裔的美国人》（*Ethnic American*），以及罗伯特·默里的《红色恐慌》（*Red Scare*）。

参考书目

◎Avrich, Paul, Sacco and Vanzetti: The Anarchist Background. N. J.: Princeton University Press, 1991.

◎Dinnerstein, Leonard, and David M. Reimers, Ethnnic Americans: A History of Immigration (5th ed.) New York: Columbia Univerisity Press, 2009.

◎Murray, Robert K., Red Scare: A Study in National Hysteria, 1919–1920. Minneapolis: Universit of Minnesota Press, 1955.

◎Russell, Francis, Tragedy in Dedham: The Story of the Sacco–Vanzetti Case. London: Longmans, 1963.

◎______, Sacco & Vanzelli: The Case Resovlved. New York: Harper & Row, 1986.

杠杆手段撬起的商业帝国 21

雷克斯·史密斯的《拉什莫尔山的雕像》（*The Carving of Mount Rushmore*）不仅讲述了格曾·博格勒姆及其伟大雕塑的故事，还提供了不少卡尔文·柯立芝在 1927 年夏天造访南达科他州的奇闻逸事。还有两篇与之有关的文章值得推荐，分别是刊载于 2006 年 5 月号《史密森尼学会会刊》（*Smithsonian*）上的《拉什莫尔山》（*Mt. Rushmore*）和刊载于 1977 年 6 月号《美国传统》上的《雕刻美国的巨人》（*Carving the American Colossus*）。

赫伯特·哈伍德的《隐形巨人》（*Invisible Giants*）全面审视了范斯韦林根兄弟辉煌而奇怪的人生。

参考书目

◎Harvood, Jr., Herbert H., Invisible Giants: The Empires of Cleveland' s Van Sweringen Brothers. Bloomington: Indiana University Press, 2003.

◎Smith, Page, The Carving of Mount Rushmore. New York: Abbeville Press, 1983.

22 征服太平洋，征服全世界

关于 1927 年夏天的长途飞行，《纽约时报》刊登了近 500 篇报道，本章内容几乎全部采自这些文章。《美国传统发明与技术》（*American Heritage Invention & Technology*）2001 年夏季号对爱德华·阿姆斯特朗在大西洋修建浮动平台的计划进行了讨论。约翰·麦克斯顿－格拉厄姆的《必由之路》（*The Only Way to Cross*）对海洋航行的快乐与风险进行了妙趣横生的讨论。

查尔斯·林德伯格造访伊利诺伊州斯普林菲尔德的长篇报道，可参见《伊利诺伊州历史学会会刊》（*Illinois State Historical Society*）1927 年 10 月号。

参考书目

◎Maxtone-Graham, John, The Only Way to Cross. New York: Barnes & Noble, 1972.

《爵士歌手》才是第一部名副其实的有声电影 23

↑时间往往是一种魔药，如今在世界各地有很多人将"默片时代"看作电影的"黄金时代"，这里为默片的粉丝推荐一个网站"Silent Era" http://www.silentera.com/。

罗伯特·沃尔的《壮美飞行：航空与西方的想象》（*The Spectacle of Flight*）对电影《铁翼雄风》的摄制工作有精彩的讨论。

介绍无声电影及从无声电影向有声电影过渡的图书不胜枚举，但对本书最有参考的价值的有：威廉·艾弗森的《美国默片》（*American Silent Film*）、斯科特·艾曼的《声音的速度：好莱坞与有声片革命》（*The Speed Sound*）、托马斯·沙茨的《神奇的系统：好莱坞制片厂时代的电影摄制》（*The Genius of the System*），以及罗伯特·斯科拉的《电影成就美国：美国电影文化史》（*Movie-made America*）。

参考书目

◎Everson, William K., American Silent Film. New York: Oxford University Press, 1978.

◎Eyman, Scott, The Speed of Sound: Hollywood and the Talkie Revolution, 1926–1930. New York: Simon & Schuster, 1997.

◎Schatz, Thomas, The Genius of the System: Hollywood Filmmaking in the Studio Era. New York: Henry Holt, 1988.

◎Sklar, Robert, Movie-Made America: A Cultural History of American Movies. New York: Vintage, 1994.

◎Stenn, David, Clara Bow: Runnin' Wild. London: Ebury Press, 1989.

◎Wohl, Robert, The Spectacle of Flight: Aviation and the Weastern Imagination, 1920–1950. New Havren: Yale University Press, 2005.

24 几十年后仍余波荡漾的案子

有关罗伯特·埃利奥特职业生涯的故事大部分来自1940年出版的回忆录（与阿尔伯特·贝蒂合著）的《死神代言人：一位行刑者的回忆录》（*Agent of Death: The Memoirs of an Executioner*）。

文中提及新闻记者海伍德·布鲁恩对处决萨科和万泽蒂非常愤慨，其出处见戴尔·克雷默的《海伍德·布鲁恩自画像》（*Heywood Broun: A Biographical Portrait*）。有关这一判决在欧洲引发骚乱的细节主要采自当时的《纽约时报》、《泰晤士报》和《伦敦新闻画报》。

出版于1937年5月8日的《纽约客》有一篇人物特写文章透露了查尔斯·庞兹的很多有趣细节，迄今尚未见于他处。

参考书目

◎Elliott, Robert G., with Albert R. Beatty, Agent of Death: The Memoirs of an Executioner. New York: E. P. Dutton & Co., 1940.

◎Kramer, Dale, Heywood Broun: A Biographical Portrait. New York: Harper & Row, 1989.

人人都爱纽约洋基队 25

如果你想了解这一时期安索尼亚公寓及其他酒店公寓的情况，我推荐两本书：约翰·陶拉纳克的《优雅的纽约》(*Elegant New York*)和伊丽莎白·霍斯的《纽约，纽约：公寓楼如何改变了城市生活》(*New York, New York: How the Apartment House Transformed the Life of the City*)。

有关20世纪上半叶美国铁路旅行的文献少得可怜，但有两本书多少谈到了这种旅行方式的浪漫和乏味：分别是罗伯特·格兰特著的《铁路与美国人》(*Railroads and the American People*)和编的《我们搭乘火车出行》(*We Took the Train*)。

洋基队经理米勒·哈金斯也少有文字传世，文中的很多信息都来自1927年10月2日《纽约客》中的"人物特写"。

参考书目

◎Grant, H. Roger (ed.), We Took the Train. Dekalb: Northern Illinois University Press, 1990.

◎_______, Railroads and the American People. Bloomington: Indiana Unviersity Press, 2012.

◎Hawes, Elizabeth, New York, New York: How the Apartment House Transformed the Life of the City (1869-1930). New York: Alfred A. Knopf, 1993.

◎Tauranac, John, Elegant New York: The Buliders and Buildings, 1885-1915. New York: Abbeville Press, 1985.

26 三K党与"优生学"运动

↑卡丽·巴克和她的母亲。2016年，亚当·科恩出版了新书《低能儿：最高法院、美国的优生学与对卡丽·巴克的强制绝育》(*Imbeciles: The Supreme Court, American Eugenics and the Sterilizaiton of Carrie Buck*)，对美国历史上的"黑暗一页"进行了当下性的解读。

参考书目

- Black, Edwin, War Against the Weak: Eugenics and America's Campaign to Create a Master Race. New York: Four Walls Eights Windows, 2003.
- Currell, Susan, and Christina Cogedell (eds.), Popular Eugenics: National Efficiency and American Mass Culture in the 1930s. Athens, Ohio: Ohio University Press, 2006.
- Maxwell, Anne, Picture Imperfect: Photography and Eugenics, 1870–1940. Brighton: Sussex Academic Press, 2008.
- Wade, Wyn Craig, The Fiery Cross: The Ku Klux Klan in America. New York: Simon & Schuster, 1987.

埃德温·布莱克的《反弱者的战争：优生学与美国创造优等民族的运动》(*War Against the Weak*)和安妮·马克斯韦尔的《不完美的图像：摄影与优生学》(*Picture Imperfect*)生动形象地写出了美国人对消极的优生学是何等情有独钟。如果你对优生学的后续发展感兴趣，可以参见苏姗·科利尔和克里斯蒂娜·科格德尔合编的《通俗优生学：20世纪30年代的美国实力与大众文化》(*Popular Eugenics*)。

瓦恩·韦德的《燃烧的十字架》(*The Fiery Cross*)详细记录了三K党的历史。

已故的史蒂文·古尔德在《火烈鸟的微笑》(*The Flamingo's Smile*)中用一章内容探讨了巴克诉贝尔案。

谁是真正的电视之父? 27

有两本很棒的书论述了电视的发明：分别是埃文·施瓦兹的《最后的孤独发明家》(*The Last Lone Inventor*)、大卫·费舍尔和马歇尔·费舍尔合著的《电视的发明》(*Tube: The Invention of Television*)。有关费罗·法恩斯沃斯遗憾的结局可参见2002年5月27日《纽约客》上的文章《未能来到的批评》(*A Critic at Large*)。

安东尼·卡姆和马尔科姆·贝尔德合著的《约翰·贝尔德传》(*John Logie Baird: A Life*)对传主的生平进行了饱含深情的叙述。

参考书目

◎Fisher, David E., and Marshall Jon Fisher, Tube: The Invention of Television. Washington, D. C.: Counterpoint, 1996.

◎Kamm, Antony and Malcolm Baird, John Logie Baird: A Life. Edinburgh: NMS Publishing, 2002.

◎Schwartz, Even I., The Last Lone Inventor: A Tale of Genuis, Deceit and the Birth of Television. New York: HarperCollins, 2002.

28 全民热捧《人猿泰山》的时代

参考书目

◎Block, Geoffrey, Enchanted Evenings: The Broadway Musical from Show Boat to Sondheim. New York: Oxford University Press, 1997.

◎Bordman, Gerald M., Jerome Kern: His Life and Music. New York: Oxford University Press, 1980.

◎Churchill, Allen, The Literary Decade. London: Printice-Hall, 1971.

◎_______, The Theatrical 20's. New York: McGraw-Hill, 1975.

◎Dardis, Tom, Firebrand: The Life of Horace Liveright. New York: Random House, 1995.

◎Pauly, Thomas H., Zane Grey: His Life, His Adventures, His Women. Urbana: University of Illinois Press, 2005.

◎Taliafeero, John, Tarzan Forever: The Life of Edgar Rice Burroughs, Creator of Tarzan. New York: Scribner, 1999.

艾伦·邱吉尔的两本书：《文学的十年》（*The Literary Decade*）和《戏剧的二十年代》（*The Theatrical 20's*），对20世纪20年代美国的图书出版和文学戏剧进行了出色的介绍。

杰拉尔德·博德曼的《杰罗姆·科恩的生活与音乐》（*Jerome Kern: His Life and Music*）、杰弗里·布洛克的《魅力之夜：从<演艺船>到桑德海姆的百老汇音乐剧》（*Enchanted Evenings: The Broudway Musical from Show Boat to Sondheim*）对《演艺船》这部著名的剧作进行了详细介绍。

↑ 1927年百老汇经典歌舞剧《演艺船》的宣传海报

有关这一时期美国最流行的两位作家的介绍参见：约翰·托利弗的《永远的泰山：泰山的创作者埃德加·巴勒斯的生活》（*Tarzan Forever: The Life of Edgar Rice Burroughs, Creator of Tarzan*）和托马斯·保利的《赞恩·格雷传：人生、冒险与女人》（*Zane Grey: His Life, His Adventures, His Women*）。汤姆·达迪斯的《火炬：贺拉斯·利弗莱特传》（*Firebrand: The Life of Horace Liveright*）不光介绍了出版商的生平，还介绍了他烛照的文学苍穹。

↑ 1927年电影《泰山与金狮》的剧照

黑帮老大要倒霉了 29

遭遇数十年的冷遇后，兰迪斯大法官终于遇到了知音，大卫·彼得拉茨在 1998 年出版了一部有分量的传记《法官与陪审团：大法官凯纳索·兰迪斯的生活与时代》（*Judge and Jury*）。理查德·卡汉的《塑造了美国的法院：从艾伯·林肯到艾比·霍夫曼时代的芝加哥联邦地区法院》（*A Court That Shaped America*）则介绍了其他一些技术细节。

约翰·科布勒的《艾尔·卡彭的人生与世界》（*Capone: The Life and World of Al Capone*）、劳伦斯·贝格林的《卡彭及其时代》（*Capone: The Man and the Era*）和乔纳森·艾格的《拿下卡彭》（*Get Capone*）详细介绍了这个芝加哥市头号犯罪分子。

肯尼斯·奥尔索普的《私酒贩》（*The Bootleggers*）、约翰·兰德斯科的《芝加哥科的有组织犯罪》（*Organized Crime in Chicago*）和多米尼克·帕赛格的《芝加哥传》（*Chicago: A Biography*）对这座城市的历史做了整体上的介绍。

参考书目

◎Allsop, Kenneth, The Bootleggers: The Story of Chicago's Prohibition Era. London: Hutchinson, 1961.

◎Bergreen, Laurence, Capone: The Man and the Era. New York: Simon & Schuster, 1994.

◎Cahan, Richard, A Court That Shaped America: Chicago's Federal District Court from Abe Lincoln to Abbie Hoffman. Evanston: Northwestern University Press, 2002.

◎Eig, Jonathan, Get Capone: The Secret Plot That Captured America's Most Wanted Gangster. New York: Simon & Schuster, 2010.

◎Kobler, John, Capone: The Life and World of Al Capone. London: Michael Joseph, 1972.

◎Landesco, John, Organized Crime in Chicago. Chicago: University of Chicago Press, 1968.

◎Pacyga, Dominic A., Chicago: A Biography. Chicago: University of Chicago Press, 2009.

◎Pietrusza, David, Judge and Jury: The Life and Times of Judge Kenesaw Mountain Landis. South Bend: Diamond Communications, 1998.

30 创纪录的第60记本垒打

关于 1927 年棒球赛季最后一个月的情况，取自前面介绍的多本有关棒球的图书，但有一本书对本章内容有着特殊的重要性，那就是亨利·托马斯撰写的精彩传记《沃尔特·约翰逊传：棒球界的“大火车”》(*Walter Johnson: Baseball's Big Train*)。

参考书目

◎Thomas, Henry W., Walter Johnson: Basball’s Big Train. Lincoln, Nebraska: University of Nebraska Press, 1995.

endgame 尾声

←晚年的林德伯格夫妇

如果你对纳粹统治时期德国的社会生活（包括震惊世界的"水晶之夜"事件）感兴趣，我推荐阅读安德鲁·纳戈尔斯基的《希特勒的国家》(*Hitlerland*)。

安妮·林德伯格的评论出自《鲜花与荨麻：安妮·林德伯格的日记与通信》(*The Flower and the Nettle: Diaries and Letters of Anne Morrow Lindbergh*)。有关查尔斯·林德伯格从1957年到去世前的出轨行为在2003年被全面曝光，导火线是一些德国人通过DNA测试证明了他们与林德伯格具有父子或父女关系。

参考书目

- Lindbergh, Anne Morrow, The Flower and the Nettle: Diaries and Letters of Anne Morrow Lindbergh, 1936–1939. New York: Harcourt Brace Jovanovich, 1976.
- Nagorski, Andrew, Hitlerland: American Eyewitnesses to the Nazi Rise to Power. New York: Simon & Schuster, 2012.